suddeutsch
faszinatum
raimo d. nagel

vorwortleere gaehnt dich
an...

neudeutschland
aus rasiertem
fleisch / filetierte
vergesellschaftung,
denn der koerper aller
staaten ist fleisch &
fleisch muss zurueck
ins volk!

die gloriose republik:
schwer von anblick
& gewicht, errichtet aus
blankgewetzten schaedeln

- kalkgebleicht und fein
gekaemmt.

& ihr wolltet den
menschen und sein
fleisch zur letzten
konsekration treiben:

so seien die koerper
euch hostien, auf
weissem porzellan dar-
gebracht.

hiermit erklaere ich
feierlichst, voll-
umfaenglich reif &
willens, meinem
hochverehrten speise-
wirt, kamerad im
geiste, als
wuerdigste portion
meines eigenen ich's
zu gelten, mich ver-
zehren zu lassen.

>> wer das nicht ver-
stand, war ein narr;
ein verirrter im
morast der vor-
kritischen
humanitaetsluegen,
denn wozu war die
freiheit denn sonst
geschaffen?

gnade uns der
unvollstaendige
mensch,
der sich gegen seinen
schicksalszyklus
sperrt.

der neue bund (im nach-
hall des vierten um-
sturzes) & alle waren
verpflichtet; wer es
nicht war, war es nicht
mehr: denn wer nicht
genaehrt, verdorrt,
und wer verdorrt, ist
nutzlos.

heil
dem
voelligen
willen

-

heil
dem
gewollten

-

dem gewaehren

-

dem gewehr

alles feist
freiwillig:
binnenstaat-
lich, basis-
demokratisch
zur gross-
koerper-
wirtschaft.

INFOLGE IHRER NICHT-
ZUGEHOERIGEN
POSITIONIERUNG INNER-
HALB DER NEO-
GERMANISCHEN
KONSUMPTIV-
ANTROPOPHAGISCHEN
STAATSKORPORATION
SEHE ICH MICH GEZWUNGEN,
IHNEN DIE NACHFOLGENDEN
TEXTUALITAETEN DURCH
DELIBERATIVE OBSKUR-
IFIZIERUNG UND
LINGUISTISCHE
HERMETISIERUNG GAENZLICH
UNZUGAENGLICH ZU
GESTALTEN.

die holmetische trans-
funktionalität aller
adenotrophischen kon-
substanzen omniapo-
katastatisiert die
dysmorphozytotische
einheitssynthese des
volkskoerperkonsumptions-
kreislaufs.

spass.

ueberlandfaschisten
marschieren
kolonne-in-kolonne

wir haben uns
zusammengerafft
ins heil:
arier-intelligenz-
IA; traegt eichen-
kraenze um die
stirn...

endloesungszucken
in der deutsch
-gesellschaft

fremdkoerper muessen
ausgeschieden werden
(sagt das fuehrerwort)!

ich liebe!!!!!!!!
totenkopf-elite-!!
gardisten!!!!!!!!!
!!!!!!!!!!!!!!!!!!
!!!!!!!!!!!!!!!!!!
!!!!!!!!!!!!!!!!!!

kriegsbericht-
erstattung vom
ostwall:

: germanische
streiter vernichten
slawische horden
wie ungeziefer :

& wer deutsch ist,
wird gegessen.

BLUTSTURM UEBER GERMANIA

die stadt: rippenent-
kernt. hohe-haeuser
ragen knochenbleich
ins

vss

des vaterlandes
sonnenlicht

deutschetuemeln,
eben, jene schwarze

W A N D

      W A N D

            W A N D

abroxas-plakate an
jeder W A N D.

NUN LASST UNS STEHEND
SPEISEN.

speichelfaeden
zwischen meinen
Z88 messer-
Agleiche
Hbeisswerkzeuge
N
R
E
I
H
E   die
N   zeit
                      ist
                      reif
    fuer die
            totale
                ein-
                ver-
    leibung

} ¡¡¡REalitÄTsBrUCh!!!

HYPERBOREA:GOTT_REICH

[!!]TAG:TAUFRISCH &
HEILIG. NEBEL:dickt:
wabert um die Schädel_
Paläste der

1000

jährigen Stadt.

keine wortspur wird mehr frei geboren.

```
                    : : :
    Wo^NICHTS^sein^soll
                : : : :  muß^
      ALLES^ausge=merzt
                : : : : : :
  der^REST^un=bedeutend
                : : :  : : :
```

??fontanesagte
irgendwoinderausgemerz
?bibliot?hek??
»befehlsvollstrecker
dieerbärmlichste=

MENSCH=spezie«

```
        ::://:://:://::
GERMANIA DELENDA EST
        ::://:://:://::
         (((((((((((
           aber das
         denken verbot
         ))))))))))))
          * * * * * *

gebotenverbot verbotgebot
          * * * * * *
```

ΔhellrasiertΔ

sauber=ΔausgemerztΔ
/:kristallineOrdnung:/

/ädelscheitelmessung:/
/:volksleibbereinigt:/

nichts anderes mehr.

¶¶¶ rasseHOCHrasse!
rasseTIEFschmutz! ¶¶¶
KEHRSTURM ::
ganzDEUTSCHland::
MENSCHENFEGER

!¡wirmüssenordnung
WOLLENordnung¡!

Die Hyänenkräfte
des Volkes saugen am
Knochendocht der Denk-
kammer;
der STAATS-MOLOCH hat
seinen Darmtrakt zum
Reichsgebiet erklärt.

der Denkstillstand
ist obligatorisch.

Gräßlichkeiten=
Triptychon ! –
die Zuckungen des
Volkskörpers durch-
schweifend.

Germanias Lebern &
Nieren,
alle Fasern & Sehnen,
die Volkschaft,
Zellmasse, Gemeinwollen,
Gesamtgehirn
(unerträglich=staubige
Luft);
dazu Windgeheul
über Hakenkreuzfahnen.

fiel=auf=die=Knie.
Dachte: ›ENDE.
Verdientermaßen.‹
Dachte dann: ›NEIN,
wir werden wieder —‹
Dachte dann nichts mehr.

: Nebeltag :
17. Oktobermond Anno 4
(nach=dem=Sieg).
Die Trümmer=Wolken hingen
tief überm Reichsgau:
Thüringen, &
jede Stunde kam ein
neuer Schub Regen runter,
 =platsch!=
auf die Bleche &
Dachpappe des Reichs=
Archivs.

Der Regen lief die
Fensternischen
rein=rabnn!=;
schluckte der
Abflussgully uffm Hof :
ein metallisch=Sch-lunk!
– unterm Tisch
(Eiche=Deutscher=Werkbund
=!) meine Schuhe
(Lederzuteilung des
vergangenn Quartals) :
& von der Decke tropfte's
 : stehe also im
DOPPELTN Regen
(draußn & drinnen).

aktenzeichen verschoben:
aus den protokollen (ge-
leugneten ! verstaendlich
) der endreinigungs-
kommandos. die berichte
spuken in den kellern:
der reichs-wahrheits-ver-
waltung, (deren unterster
diener ich geworden war).
die neun-gefaltete
deutschheit - denn eine
kraehe hackt der anderen
kein auge aus ! (volks-
weisheit, genehmigt vom
reichs-sprach-beauftragt-
en.
wehe, wer noch ABORT
statt VOLKSGESUNDHEITS-
ENTSORGUNGSRAUM sagt.
!= geldbusse/ umschulung.

Die Gedanken=Gänge
verstricken sich,
(so wills die
Ordnung, =&
die Abwesenheit
jeder Unordnung!).
 »!« ist dem
Deutschen=Satze
eigen : geradewegs
 : wie die
Klarheit der
Blut=Linie :
unsrer
Sprachformen =
jez schon (!)=verwirrt
?.

denn Denken erzeugt
Un=Reinheit,
erzeugt die Unsicherheit,
 das Zaudern,
was niemals dem
deutschen Volke
entsprechen durfte !) –
aber da ! :!, wieder
jene entsetzliche
Klarheit
(verbotenn, verboten,
längst untersagt,
beim Strafbataillon 88
(!) angezeigt !!).

Zeitfracht Medien GmbH
Ferdinand-Jühlke-Straße 7
99095 Erfurt, Deutschland
produktsicherheit@kolibri360.de